BEI GRIN MACHT SICH IHR WISSEN BEZAHLT

AF136138

- Wir veröffentlichen Ihre Hausarbeit,
  Bachelor- und Masterarbeit

- Ihr eigenes eBook und Buch -
  weltweit in allen wichtigen Shops

- Verdienen Sie an jedem Verkauf

Jetzt bei www.GRIN.com hochladen und kostenlos publizieren

Bibliografische Information der Deutschen Nationalbibliothek:

Die Deutsche Bibliothek verzeichnet diese Publikation in der Deutschen National-
bibliografie; detaillierte bibliografische Daten sind im Internet über http://dnb.d-
nb.de/ abrufbar.

Dieses Werk sowie alle darin enthaltenen einzelnen Beiträge und Abbildungen
sind urheberrechtlich geschützt. Jede Verwertung, die nicht ausdrücklich vom
Urheberrechtsschutz zugelassen ist, bedarf der vorherigen Zustimmung des Verla-
ges. Das gilt insbesondere für Vervielfältigungen, Bearbeitungen, Übersetzungen,
Mikroverfilmungen, Auswertungen durch Datenbanken und für die Einspeicherung
und Verarbeitung in elektronische Systeme. Alle Rechte, auch die des auszugsweisen
Nachdrucks, der fotomechanischen Wiedergabe (einschließlich Mikrokopie) sowie
der Auswertung durch Datenbanken oder ähnliche Einrichtungen, vorbehalten.

Impressum:

Copyright © 2019 GRIN Verlag
Druck und Bindung: Books on Demand GmbH, Norderstedt Germany
ISBN: 9783346098450

Dieses Buch bei GRIN:

https://www.grin.com/document/509835

Cornelia Hamberger

Webers Staatssoziologie. Eine Analyse des historischen und systematischen Kontextes

GRIN Verlag

GRIN - Your knowledge has value

Der GRIN Verlag publiziert seit 1998 wissenschaftliche Arbeiten von Studenten, Hochschullehrern und anderen Akademikern als eBook und gedrucktes Buch. Die Verlagswebsite www.grin.com ist die ideale Plattform zur Veröffentlichung von Hausarbeiten, Abschlussarbeiten, wissenschaftlichen Aufsätzen, Dissertationen und Fachbüchern.

Besuchen Sie uns im Internet:

http://www.grin.com/

http://www.facebook.com/grincom

http://www.twitter.com/grin_com

DIE DENKWEISE VON WEBERS STAATSSOZIOLOGIE

„Eine Analyse des historischen und systematischen Kontextes"

CORNELIA HAMBERGER

Goethe Universität Frankfurt am Main Fachbereich 03 Gesellschaftswissenschaften Seminar:
Politische Philosophie und soziologische Systematik (SS 2019)

Die Denkweise von Webers Staatssoziologie -
„Eine Analyse des historischen und systematischen Kontextes"

Einleitung

Das Wort „Soziologie" wurde von Auguste Comet (1798-1857) geprägt, aber keineswegs das sozialwissenschaftliche Denken, das hat es immer schon gegeben; hervorstechend ist dabei die Sozialphilosophie mit ihren Begriffen und Systemen. Schrittweise etabliert sich die Soziologie als selbständige Wissenschaft in der zweiten Hälfte des 19. Jahrhunderts, erst durch den Wechsel von der ständischen Epoche hin zur bürgerlichen Gesellschaft. Der grundlegende Ansatzpunkt der Soziologie resultiert aus der Hypothese, dass das Individuum (bzw. der Mensch) ein soziales Lebewesen ist. Diese Grundtatsache darf nicht missverstanden werden, denn der Mensch ist als „soziales Lebewesen" ein Lebewesen, dass nur in einer Gemeinschaft von Menschen vorkommt und in dieser „Gemeinsamkeit" existieren kann. Wenn der Mensch als Gemeinwesen gedacht werden soll, schließt das mit ein, dass sich der Mensch in seinem Leben an vorausgehenden Sozialeinheiten zu orientieren hat. Ergo ist der Betrachtungsgegenstand der Soziologie nicht der Mensch als einzelner oder als verallgemeinertes Individuum, sondern die Gemeinschaft von Individuen gegebenenfalls auch die „Gemeinsamkeit" von Menschen. Soziologie ist eine empirische Wissenschaft, welche sich mit den wissenschaftlichen Grundlagen des menschlichen Zusammenlebens auf der Makro- und Mikroebene auseinandersetzt .Unteranderem werden Strukturen und Funktionsweisen von Gesellschaft und das Handeln von Individuen in einem sozialen Kontext analysiert. Allgemein zusammengefasst ist der Gegenstand der Soziologie, das Sozialsystem in dem sich das Individuum als Mitglied und Bedeutungsträger befindet. Das Individuum ist an Sozialsysteme gebunden, bei der Selbstdarstellung wirken diese festgelegten Normen und Werte auf den Menschen ein. Die gesellschaftliche Ordnung produziert eine symbolische „Sinn -Welt", in der alle Institutionen integriert sind, sowohl legitimieren sie sich selbst und geben der Gesellschaft einen „Sinn". Folglich kann abgeleitet werden, die Hauptaufgabe der Soziologie liegt in der Analyse von Sozialsystemen und jene in ihrem Gefüge zu begreifen. Beim kritischen Hinterfragen fließen auch andere Erkenntnisse von verschiedenen Fachgebieten ein. Erkenntnisse über die Gesellschaft können nur durch wissenschaftliche Untersuchungen erlangt werden, indem man die Gesetze der gesellschaftlichen Stabilität und ihrer Entwicklung versteht – ergo ein Studium der Gesellschaft.

1.Webers soziologischer Objektivismus

Max Weber kann untrüglich als der Klassiker der Soziologie schlechthin bezeichnet werden. Sein maßgeblicher Beitrag für das Fach Soziologie zu dementieren, erweist sich in der heutigen Zeit als geradezu unmöglich. Weber hat nicht als Soziologe begonnen, sondern er widmete sich auf seinem Weg zur Soziologie zuerst dem Studium der Rechtswissenschaft, Nationalökonomie, Geschichte und Philosophie, unteranderem auch der Geschichte der Spätantike, dem modernen Handelsrecht und der zeitgenössischen Staatsrechtslehre[1]. Wodurch er Eindrücke gewinnen konnte, die später sein Werk „Wirtschaft und Gesellschaft" maßgeblich prägen sollten. So bekennt sich Weber erst spät zur neuen etablierten Wissenschaft der Soziologie. Sein Soziologieverständnis beruht auf einem kultursoziologischen ausgerichteten Ansatz, der von einer starken Akzentuierung der Sinnorientierung handelnden Subjekten aus geht. Weber konstatiert, dass Gesellschaft nur so verstanden werden kann, wenn man vom Individuum und dessen sinnhaften Handlungen ausgeht.[2] In der soziologischen Theorie wird sein Ansatz unter dem Begriff des „methodologischen Individualismus" eingeordnet. An dieser Stelle hat Weber keineswegs eine Interaktionstheorie konzipiert, welche auf der Mikroebene verweilt. Es steht nicht nur das einzelne Individuum und sein Handeln bei Weber im Mittelpunkt, sondern ebenso die Analyse von sozialen Beziehungen und sozialer Ordnung, ergo auch die Betrachtung der Meso- und Makroebene. Dennoch ist bei Weber das Individuum der Ausgangspunkt seines Theoriendesigns. Weber vertritt den Objektivismus, als eine essenziell logische durchführbare Grundperspektive. Die erkenntnistheoretische Denkrichtung des Objektivismus, geht davon aus, dass es abgesehen vom erfassenden und wertenden Individuum eine bedingungslose Wahrheit von unabhängigen Werten gibt. Der objektivistische Denkraum verabsolutiert subjektunabhängige Strukturen, welche unteranderem von ökonomischer, soziokultureller, wirtschaftlicher oder sprachlicher Art sein können. Bei objektivistischer Erkenntnisgewinnung nimmt der Beobachter einen „souveräner" Standpunkt eines „äußeren Betrachters" ein, diesem tritt die Gesellschaft als objektive soziale Wirklichkeit entgegen, die sich ihm als „Schauspiel"[3] darbietet. Gegenwärtig ist in der Soziologie eine parallel fortschreitende Entwicklung zu konstatieren, da das theoretische Denken nicht mehr so stark voneinander abgrenzenden Schulen erfolgt. Zu verzeichnen ist, dass die aktuelle Theorieentwicklung eher einer kritischen Bewertung und Weiterentwicklung der aufgestellten theoretischen Positionen ausgesetzt ist, anstatt der Etablierung alternativer Theorien. Die systematische Darlegung kann man als Vergleich der Methode

---

[1] Vgl. Markus Schroer, Soziologische Theorien; Von den Klassikern bis zur Gegenwart. S.48 oben.
[2] Vgl. Markus Schroer, S.48 unten
[3] Vgl. Goffman Wir alle spielen Theater

soziologischer Erkenntnis einordnen. Den Vergleich kann man als Forschungsmittel verschiedenster soziologischer Forschungsgebiete anwenden, als einen systemischen und strukturierenden Gegenstand aktueller Gesellschaftsentwicklungen. Die Wirkmächtigkeit und die Prozesse gegenwärtiger Gesellschaftsentwicklungen kann allein durch die vergleichende Betrachtung sozialer Konstellationen bzw. wirtschaftlicher, kultureller oder politischer Größen erschlossen werden. Weber will die individuellen Handlungen Einzelner verständlich machen, dabei verweist er auf bestimmte Verhaltensmuster und wiederholende Handlungen im historischen Kontext. Der hohe Stellenwert des „Verstehens" in Webers Soziologie beruht auf seiner Annahme, dass die Soziologie als Wirklichkeits- und Kulturwissenschaft zu betrachten ist.[4]

Diese Hausarbeit widmet sich unter anderem der Systematik in Webers Analyse und ob seine Staatssoziologie approximativ systematisch sein könnte. Welche signifikanten Einzelmerkmale treten auf, Betrachtung der Klassifikation und Abgrenzung von Webers beschriebenen System. Aufgrund seines Ablebens konnte Weber seine Ansichten nicht mehr zu einer Systematik ausbauen.

2.Webers Auslegung der Staatsoziologie

Ein von Max Weber begründetes Fachgebiet der Soziologie ist die Staatssoziologie, die besonderen Wert auf die Bedeutung des Staates legt und sich speziell mit ihm beschäftigt. Der positionierte und geprägte staatstheoretische Begriff gehört bis heute zu den Grundlagen von Untersuchungen moderner Staatlichkeit. Er umfasst die Eigenschaften des Gewaltmonopols sowie die Rationalität und Legitimation des Staates. Eine in sich geschlossene Staatssoziologie hat Weber in seinem Manuskript nicht weitergeben, sondern hat fragmentierte Denkansätze hinterlassen, die sich unterschiedlich analysieren und auslegen lassen.

Da Theorien nicht im luftleeren Raum entstehen, sondern vor dem Hintergrund anderer, bereits etablierter oder parallel sich entfaltender Theorien aufkeimen, ist die literarische Grundlage vorliegender Hausarbeit das Manuskript „Wirtschaft und Gesellschaft" von Max Weber. Es gilt als eine Einführung in die verstehende Soziologie, dabei skizziert Weber die modernen, leistungsfähigen Strukturen von Wirtschaft und Verwaltung, mit ihren Charakteristika von bewusst gesetzten Regeln und einem aufgestellten Verwaltungsapparat. Er stellt einen Überblick mit Hilfe eines Vergleichs von legaler Herrschaft über einen bürokratischen Verwaltungsstab zu früheren Herrschaftsformen traditioneller oder charismatischer Herrschaft auf. In seinem Hauptwerk führt er anschaulich in die Wirkungsweise der Gesellschaft ein und stellt wie

---

[4] Vgl. Markus Schroer, S.53.

eingangs erwähnt eine Methode vor, um diese zu erforschen. Webers denken ist dem Problemgebiet der Herrschaftssoziologie zugewandt, in seinen Untersuchungen wurde die Gesellschaft zum Objekt. Weber vermittelt eine Grundeinsicht in die Soziologie des Staates und ordnet dies in die Gesamtkonzeption von „Wirtschaft und Gesellschaft" ein und verdeutlichen den konformen Denkzusammenhang seiner gesamten Herrschaftssoziologie. Gegenstand der vorliegenden Hausarbeit ist der Abschnitt „Staatssoziologie: Soziologie der rationalen Staatsanstalt und der modernen politischen Parteien und Parlamente" das letzte Kapitel seines Werks. Der Rahmen seiner Darstellung, befasst sich mit dem soziologischen Gestaltungsprozess des rationalen „Staates" und das „moderne" politische System und seine Akteure. Hierzu bezieht sich Weber auf historische Sachverhalte und vergleicht die politischen Gegebenheiten von unterschiedlichen Ländern, um zugleich den gedanklich- systematischen Ort der Betrachtung auszuweisen. Es wird sich mit grundsätzlichen staatssoziologischen Erkenntnissen von Max Weber auseinandergesetzt. Weber hat den Begriff der Staatssoziologie geprägt und kann als ein Fachgebiet oder schwärmerisch formuliert als Steckenpferd der Soziologie betrachtet werden, die aufgrund der Besonderheit des Staates sich ausdrücklich mit ihm befasst. Soziologie der rationalen Staatsgewalt und der modernen politischen Parteien und Parlamente ist eine Einführung und Analyse des Staatssystems.

2.2.Betrachtung der rationalen Staatanstalt - *anhand der Ausprägungen Rationalismus und Kapitalismus*

Begründet auf Umbrüche von revolutionärem Format, entwickelt sich die Rationalisierung zu Webers Leitthema. Der durchgehend bestimmende Ansatz begründet sich nicht auf einem methodischen Streben nach regelhafter Ordnung. In diesem Sinne ist Rationalisierung nicht mit Rationalität gleichzustellen. Denn das Wesen von Rationalisierung ist von vielfältiger Natur.

Ein wichtiger Gesichtspunkt für diese Thematik ist der Kapitalismus, der sich im 19. Jahrhundert etabliert hat. Entsprechend seines Diktums, die Soziologie als Wirklichkeitswissenschaft mit dem Gegenstand der Kulturbedeutung zu betrachten, widmet sich Weber in seinem Werk dem Kapitalismus. Die Industrialisierung kann als wegweisender Abschnitt zur praktischen Umsetzung des Rationalismus gesehen werden, speziell die Entwicklung des Kapitalismus hin zum Industriekapitalismus. Eine Folge dieser Entwicklung waren gravierende Veränderungen von soziologischen Zusammenhängen, wie die Beziehungen der Menschen untereinander, der Destruktion etablierter Lebensweisen aber auch positive wissenschaftliche Entwicklungen, denn der Rationalisierungsprozess ist im soziologischen Verwendungskontext stark mit dem wissenschaftlichen Fortschritt verflochten und eng an den Prozess der Modernisierung gekoppelt. In der Soziologie hat der genuine Sinngehalt von Rationalisierung („Orientierung an der Vernunft") eine besondere Akzentuierung inne. Dabei ist eine vernünftigere und bewusstere Gestaltung des praktischen Handelns gemeint. Dem aufgestellten Kontext der Rationalisierung liegt zugrunde, dass dieser Einfluss auf bestimmte Kulturräume ausübt, in dem sie über vernunftgeleitete Kontrolle reguliert werden, um gezielte Leistungssteigerungen zu erhalten. Die Metamorphose, die der Rationalisierungsprozess auf die Kultur ausübt, vom zuvor eher planlosen traditionellen Handlungsmuster hin zu einem kalkulierten zwecks-mittel-orientierten Handeln, hat eine grundsätzliche Optimierung der Lebensweise zur Folge. Daher hat der Rationalismus eine wegweisende und zentrale Grundlage für die Staatenbildung geschaffen, auf deren Basis konnte sich die Voraussetzung für feste und rationale Regeln entwickeln. Aus diesem Unterbau konnte der Grundstein für ein Verwaltungssystem wie die Bürokratie gelegt werden. Weber geht von einem Ineinandergreifen der Rationalisierungslogik des Kapitalismus und des Anstaltsstaates aus. Ein charakteristisches Motiv von Webers Text ist die Bürokratie und dass Bürokratie und Rationalisierung miteinander verbunden sind. Denn der Kapitalismus ist auf funktionale Rationalität angewiesen, um effektiv und effizient wirken zu können.

Der Okzident ist nach Weber die ursprüngliche Genese der Rationalisierung und des modernen Staates. In dem Textausschnitt beschreibt Weber in 3. Paragrafen die Entstehung des rationalen Staates, den rationalen Staat als anstaltmäßiger Herrschaftsverband mit dem Monopol legitimer Gewaltsamkeit und der staatliche Herrschaftsbetrieb als Verwaltung, politische Leitung und Beamtenherrschaft. Der erste Paragraf geht auf die Entstehung des rationalen Staates ein, dabei betont Weber, dass der Staat wie oben erörtert im Sinne des rationalen Staates nur im Okzident existiert habe. Für ihn ermöglichte der Kampf der konkurrierender Nationalstaaten um die Macht und das Kapital, dem Kapitalismus die Bourgeoisie zu erschaffen: *„Der geschlossene nationale Staat also ist es, der dem Kapitalismus die Chancen des Fortbestehens gewährleistet; solange er nicht einem Weltreich Platz macht, wird also auch der Kapitalismus dauern."*[5] Weber formuliert das sich der rationale Staat im modernen Kapitalismus ergibt, aus Fachbeamtentum und rationalem Recht. Aufgrund dieser Berechenbarkeit des Rechtes, hat der rationale Kapitalismus einen stabilen Unterbau bekommen, weil jener von Konstanten abhängig ist. Wie oben beschrieben verweist Weber bei seiner Ausführung auf rationales Recht, dass ein formales Produkt des römischen Stadtstaates ist, auf dem das heutige formal – juristische Recht beruht, unteranderem über die Etablierung von vollausgebildeten Anwälten, die sich wiederum

---

[5] Max Weber, Wirtschaft und Gesellschaft; Soziologie der rationalen Staatsgewalt und der modernen politischen Parteien und Parlamente. S.18.

durch den Rationalisierungsprozess herausgebildet haben.[6] Der moderne Nationalstaat hat sich aus dem rationalen Recht und dem Fachbeamtentum entwickelt, aus dem modernen rationalen Staat heraus. Desweitern wurde das Vorbild der griechischen Stadt, die Demokratie und damit deren Justiz als Herrschaft übernommen. Weiterführend bezieht sich Weber auf den Kapitalismus, dieser kann nur mit einem rationalen, formalisierten Recht existieren oder wirtschaften. Seiner Struktur nach ist jedes Recht entweder formal-juristisch oder an materiellen Grundsätzen orientiert.[7] Dennoch verweist Weber auf das altchinesische Gebot der Bruderhilfe, denn bei so einem gearteten Recht kann der Kapitalismus nicht wirtschaften[8]. Weber verdeutlicht, dass im Osten rituelle Gründe sowie Kasten und Sippenverfassung die Entwicklung einer planvollen Wirtschaftspolitik verhindert haben. Ein weiterer Faktor war die nationale Abschottung nach Außen, die von China, Indien, Korea und Japan betrieben wurde. Weber zeigt wesentliche Unterschiede zwischen der antike und der mittelalterlich-neuzeitlichen Entwicklung auf, zwar gab es schon in der Antike und im Mittelalter Grundlagen von planmäßiger, staatlicher Wirtschaftspolitik, diese Unterbauten waren aber begrenzt und konnten dem Kapitalismus zunächst kein Fundament schaffen. Zwar ist die Stadtfreiheit in der Antike einem bürokratisch organisierten Weltreich gewichen, das aber keinen Raum für politischen Kapitalismus geboten hat.[9] Auch spricht Weber das Versagen des Fürstenstaats im Westen an. Die Kirche hat dort in das Gebiet des Wirtschaftslebens fußgefasst. In dem sie ihre Werte von Rechtlichkeit, Redlichkeit und kirchlicher Ethik zum Zwecke der Wahrung des Landfriedens übertragen haben. Die großen kirchlichen Vermögensgemeinschaften, wie Klöster, übten zwar eine rationale Wirtschaft aber keine kapitalistische aus.[10] Der erste Indikator einer rationalen fürstlichen Wirtschaftspolitik zeigt sich im 14.Jahrhundert in England – der Merkantilismus das System seit Adam Smith: *„Merkantilismus ist Übertragung des kapitalistischen Erwerbsbetriebes auf die Politik. Der Staat wird behandelt, als bestände er einzig und allein aus kapitalistischen Unternehmern; die Wirtschaftspolitik nach außen beruht auf dem Prinzip, den Gegner zu übervorteilen, möglichst billig einzuhandeln und sehr viel teurer abzusetzen. Zweck ist, die Macht der Staatsleistung nach außen zu stärken. Merkantilismus bedeutet also moderne Machtstaatsbildung, und zwar direkt durch Steigerung der fürstlichen Einkünfte, indirekt durch Steigerung der Steuerkraft der Bevölkerung."*[11] Weber stellt die zwei Typen des Merkantilismus, den ständisch-

---

[6] Vgl. Weber, S.19.
[7] Weber, S.21.
[8] Weber, S.22.
[9] Vgl. Weber, S.23.
[10] Vgl. Weber, S.25.
[11] Vgl. Weber, S.26.

monopolistischer Merkantilismus.[12] Mit den Charakteristika der Schaffung einer ständischen Gliederung der gesamten Bevölkerung in christlich-sozialem Sinn. Aber auch der Stabilisierung der Stände und die Durchführung des christlich-soziale Liebessystem. Der im Gegensatz zum Puritanismus steht, der jeden Armen als Arbeitsscheuen oder Verbrecher ansah, stand es der Armut freundlich gegenüber.[13] Der von den Puritanern erzwungene Ethos der Berufsarbeit, hat die Bedingungen für das Erscheinen eines kapitalistischen „Geistes" geschaffen. Also hat die puritanische Lebensführung den Kapitalismus vorangebracht, jedoch wurde ihm Stück für Stück sein religiös- ethischer Sinn genommen – dies hat zur Folge, dass vom kapitalistischen „Geiste" das Erwerbsstreben übriggeblieben ist. Die zweite Form des Merkantilismus ist der nationale Merkantilismus. Dieser beschränkt sich darauf nicht durch Monopole geschaffene nationale Industrien systematisch zu schützen.[14] Der Merkantilismus hat in England bis zur Durchführung des Freihandels überlebt. Weber hebt hervor, dass sich hier ein letztes Mal irrationaler und rationaler Kapitalismus gegenüberstanden, in der Form eines fiskalisch Marktorientierten Kapitalismus. Mit dem Abklingen des Merkantilismus konnte sich der rationale Kapitalismus etablieren, mittels der aufgekeimten Unternehmerschicht. Ein aufkeimen von Instanzen, die dem Einzelnen vorschreiben wollen, wie er zu leben hat, besonders stark wirkt dabei die kapitalistische Wirtschaftsordnung, die zur Rationalisierung und Bürokratisierung jeglicher Lebensbereiche, sowie für die Disziplinierung des Individuums verantwortlich ist.

2.3. Herrschaftstypen nach Weber

Weber legt dar, dass es in der menschlichen Historie immer wieder Konstellationen entstehen und geben werden, in denen Menschen ihre eigenen Bedürfnisse entsagen und freiwillig anderen gehorsam leisten. Sein soziologisches Untersuchungsfeld umfasst das Anfertigen einer Hierarchie zwischen Individuen, beruhend auf einem stabilen und geordneten Herrschaftsverhältnisses. Im zweiten Paragrafen behandelt Weber den rationalen Staat als anstaltsmäßiger Herrschaftsverband mit dem Monopol legitimer Gewaltsamkeit. Weber geht vom Standpunkt der soziologischen Betrachtung aus, indem ein politischer Verband und auch ein „Staat" nicht aus dem Inhalt zu definieren ist, was er tut – diese Annahme beruht auf einer soziologische Perspektive.[15] Aus soziologischer Sicht kann man laut Weber den modernen Staat nur aus einem spezifischen Mittel heraus definieren, welches aus der physischen Gewaltsamkeit bestände. Zur Definition der physischen Gewaltsamkeit: *„Jeder Staat wird auf Gewalt gegründet. Wenn nur*

---

[12] Vgl. Weber, S.28.
[13] Vgl. Weber, S.28.
[14] Vgl. Weber, S.28.
[15] Vgl. Weber, S.29.

soziale Gebilde beständen, denen die Gewaltsamkeit als Mittel unbekannt wäre, würde der Begriff Staat fortgefallen sein. [...] Der Staat sie von ihrer Seite zuläßt: er gilt als alleinige Quelle des Rechts auf Gewaltsamkeit[16]. So leitet Weber ab was Politik ist: *„Streben nach Machtanteil oder auch Beeinflussung der Machtverteilung"*[17]. Nicht anhand seines Zweckes definiert Weber den Staat, in seinem Fokus stehen die ausführenden Mittel, die vom Staat ausgehen.

Nach seinem substanzhaften Denkansatz erfindet Weber keine neue Betrachtungsweise, sondern knüpft an damalige zeitgenössische Trends an, nur verändert er den Blickwinkel. Nach seinem Staatsverständnis ist das zentrale Merkmal den Staat nach seinen Funktionen zu definieren. In der Tat gibt es keine Aufgaben, die der Staat nicht übernehmen würde und keine für die er vollends verantwortlich ist.[18] Weber sieht den Staat als Handlungskomplex, hierbei ist der springende Punkt, dass nicht jedes Handeln einen „Staat" konstituiert. Man kann aus dem Text herauslesen, das Weber auf eine eigene Handlungstypologie verweist. Allein über das Handeln lässt sich kein Staat aufbauen, sondern nur über das „Gesellschaftshandeln" der Individuen. Weber sieht in der typisch modernen Form der Herrschaft die rationale, welche die Reglungen einer zweckrationalen Satzung ausführt, bei der Verletzung dieser mit Zwangsmechanismen zu rechnen ist. Bezogen auf den Staat, geht Weber von einer Gewaltsamkeit aus, über ein gestütztes Herrschaftsverhältnis von Menschen über Menschen.[19] Demnach funktioniert Herrschaft nicht ohne das Mittun der Beherrschten. Ebenso wie die historisch vorausgehenden politischen Verbände ist der Staat auf das Mittel der Legitimation gestützt[20]. Voraussetzung dafür ist die innere Rechtfertigung, diese lässt sich in drei Legitimitätsgründe unterteilen: in die traditionale Herrschaft, „charismatische" und Legalität (basierend auf einer legalen Satzung und rationalen Regeln). So unterscheidet Weber drei Idealtypen der Herrschaft. Zu beachten ist, dass Herrschaft laut Weber nur über einen inneren Antrieb bzw. durch einen subjektiven Sinn zustande kommen kann. Den Individuen muss ein Grund („Legitimationsglaube"[21]) vorliegen, weshalb sie diese Herrschaft für gültig und richtig anerkennen sollen, ohne sich gegen sie aufzulehnen. Weber formuliert signifikaten Merkmale in seiner aufgestellten Systematik. Nun folgen einige Kernmerkmale, die den jeweiligen Idealtypus nach Weber ausmachen: Die traditionale Herrschaft bezieht ihre Legitimation über den Glauben an die Heiligkeit gegebener Ordnung, der Grund der Gehorsamspflicht ist die Geburtsgegebene Stellung des

---

[16] Weber, S.30.
[17] Weber, S.30.
[18] Vgl. Weber, S.29:
[19] Vgl. Weber, S.31.
[20] Vgl. Weber, S.31.
[21] Weber. S.31.

Herrschenden. Die Unterteilung der Hierarchie: Oben steht der Herrscher mit dem Titel „Herr" welcher Macht auf den Untertan (Beherrschten bzw. Gehorchenden) ausübt. Sein Verwaltungsstab setzt sich aus Dienern zusammen, ausgehend von einem traditionalen Handlungstypus über Treue und Loyalität. Die nächste Herrschaftsform ist die Charismatische. Die Legitimation geschieht über den Glauben an eine Außergewöhnliche Person, diesem wird über die Verheerung seiner Führungspersönlichkeit der Gehorsam zugesprochen. Der Verwaltungsstab ist das Gefolge (gegliedert aus „Jüngern"), dass dem sogenannten „Führer" über affektive Wertrationalität folgt. Rationale Herrschaft stützt sich auf die Legitimation festgelegter Regeln und Gesetzen (folgen einer Satzung). Der Grund des Gehorsams geht von der Hierarchie der Ämter aus, dabei sorgt der Verwaltungsstab (Fachpersonal und Beamte) dafür das der Herrscher („Vorgesetzter") seine Bürger („Beherrschenden"), über eine unpersönliche jedoch professionelle Beziehung, rational „beherrschen" kann.[22] Mithilfe seiner Typologie kann man jüngere aber auch aktuelle Herrschaftsformen analysieren, die traditionalen, charismatischen und rationalen Elemente besser zuordnen bzw. herausarbeiten. Nun sollte man sich aber nicht verleiten lassen, die real vorfindbaren Herrschaftsgebilde jeweils einem dieser Typen zuzuordnen. Denn Weber hat nur den Versuch gewagt Idealtypen zu formulieren, die eine Annäherung an die komplexe Wirklichkeit erlauben, diese aber nicht als Reinform vorzufinden sind. Diese Idealtypen sollen als Hilfsmittel fungieren, um Eigenschaften vorhandener empirischer Formen der Herrschaft zu bestimmen. Anhand dieser Thematik geht hervor das Weber zwar nicht von einem Herrschaftsmonopols des Staates ausgeht, dafür ein anderes Monopol in seinem Fokus steht, nämlich das der Legitimation von physischer Gewalt. [23] In der Tat stützt sich Webers Position auf der Annahme, dass sich die Existenz des Staates (damit ist auch das ausgehende Recht gemeint) aus der Überzeugung ihrer Legitimität ergibt. Zumal verweist Weber mehrfach auf diesen Sachverhalt in seinem Kontext, sachlich betrachtet sieht Weber den Staat als Herrschaftsverhältnis. Da seine Definition des Staates von einem Gewaltmonopol ausgeht und dieses erst ein Produkt der Neuzeit ist, kann man seinen Staatsbegriff als historisch ausgerichtet definieren. Zur Aufrechterhaltung jeder gewaltsamen Herrschaft bedarf es gewisser materieller äußerer Sachgüter, wie bei einem wirtschaftlichen Betrieb.[24] Der Spagat zum modernen Staat wird in der Betrachtung von Weber zum anstaltsmäßigen Herrschaftsverband mit legitimer physischer Gewaltsamkeit als Mittel der

---

[22] Vgl. Weber, S.30-35.
[23] Vgl. Weber, S.30.
[24] Vgl. Weber, S.33.

Herrschaft mit dem Zweck die sachlichen Betriebsmittel in die Hand seiner Leiter zu vereinigen und dafür ständische Funktionäre zu enteignen[25]

2.4.Staatliche Herrschaftsbetrieb des modernen Staates

Nun wird die wichtigste Dimension von Webers Staatsbegriff und die Handlungsebene des Werberischen Bürokratiemodells erschlossen. Deren Entstehung an die zuvor aufgeführten Voraussetzungen geknüpft ist, diese wechselseitigen Verknüpfungen haben die Bürokratie als eine spezifisch moderne Herrschaftsform etabliert. Die Entstehungsbedingungen der Bürokratie keimten im Okzident zusammen mit einer entstehenden Geldwirtschaft und einem sich bildenden Kapitalismus auf.

Im Folgenden wird ein Blick auf den dritten Paragrafen gerichtet, dieser befasst sich mit dem Grundgerüst des modernen Staates nach Weber. Den staatlichen Herrschaftsbetrieb betrachtet er, als eine Verwaltung unter politischer Leitung und Beamtenherrschaft. Denn die absolute Herrschaft des modernen Staates liegt in den Händen des militärischen und zivilen Beamtentums. Der moderne Staat kann im Grundwesen als ein Betrieb oder wie eine Fabrik verstanden werden. Es herrschen hierarchische Abhängigkeitsstrukturen vor, denn Beamte und Soldaten (ausgehend von einem bürokratischen Heer)[26] sorgen dafür, dass für den Betrieb die ökonomische Existenz in der Verfügungsgewalt des Staates konzentriert wird. „ Die Trennung des Arbeiters von den sachlichen Betriebsmitteln: den Produktionsmitteln in der Wirtschaft, den Kriegsmitteln im Heer, den sachlichen Verwaltungsmitteln in der öffentlichen Verwaltung, […] ist dem modernen macht- und kulturpolitischen und militärischen Staatsbetrieb und der kapitalistischen Privatwirtschaft als entscheidende Grundlage gemeinsam"[27]. In den Augen von Weber bedeutet zunehmende „Sozialisierung" auch zunehmende Bürokratisierung, der sich durch alle Bereiche zieht, die Demokratie sowie der absolute Staat schalten die Verwaltung über „erblich fungierenden Honoratioren"[28],zugunsten angestellter Beamten, aus.[29] Im Gegensatz zu dem vorrationalistischen Kapitalismus vereint der moderne Kapitalismus spezifische Komponenten der rationalen Organisation der Arbeit mit Hilfe von rationaler Technik. Dieser konnte nur unter bestimmten Rahmenbedingungen entstehen, nämlich nicht irrational konstruierter Staatswesen. Wie zum Beispiel in England, die die praktische Gestaltung des Rechts in die Hände des Advokaten legten mit der Prämisse im kapitalistischen Interesse ihrer Kundschaft

---

[25] Vgl. Weber, S.35.
[26] Vgl. Weber, S.35.
[27] Weber, S.36.
[28] Weber, S.35.
[29] Vgl. Weber, S.35.

zu agieren und sich eine dazu passende Geschäftsform überlegten. Oder in einem rationalen Staat, die Richter welche laut Weber ein „Paragrafen- Automat" sind, die mit Akten und Kosten konfrontiert (befüllt) werden und am Ende ein kalkulierbares Ende „ausspuken"[30]. Weber führt die universelle Bürokratisierung als dominierende Organisationsform und verweist darauf das es bei den Ägyptern und Chinesen eine Bürokratie gab, jedoch ging bei beiden mit dem Ende der Bürokratie auch eine ganze Dynastie zu ende. Man kann laut Weber die moderne Bürokratie mit der vorausgegangen nicht vergleichen, da signifikante Unterschiede in der fachlichen Bildung bestehen. Weber stellt erst am Ende seines Textes eine Bilanz auf, denn Bürokratie sei kein spezifisches Problem seiner Zeit, sondern sei schon immer in anderen Erscheinungsformen vorgekommen, wobei der entscheidende Unterschied in der Rationalität, dem Beamtentums und der immerwährenden Unentrinnbarkeit liegt. Damit meint er das unausweichliche Faktum, der unaufhaltsam fortschreitenden Entwicklung, die er an seiner Metapher des leblosen Automaten (wörtlich Maschine) verdeutlicht, die einen Vorgang (hier den Menschen) steuert und regelt, somit den Menschen in seine Dienste zwingt und den Arbeitsalltag vorgibt – so herrscht etwas Nicht- Menschliches über den Menschen. [31] Mit der zunehmenden Bürokratisierung und der Bildung von Parteien beginnen auch die Anfänge hin zum Berufspolitiker. Die Entwicklung des Berufspolitiker vollzieht sich zuerst in den Diensten des Fürsten, jene wollten keine charismatischen Führungsrolle übernehmen, sondern traten in ihrer Evolution in die Dienste von politischen Herren.[32] Die typischen Eigenarten des Berufspolitiker hat in der okzidentalen Politik gewechselt, denn der politische Betrieb durch Parteien bedeutet „Interessenbetrieb". [33] Weber beschreibt zwei Arten die Politik zu seinem Beruf zu machen. Einmal die „für" und „von" der Politik zu leben, jedoch trifft meist beides zu. Weber bezieht sich hierbei auf den „innerlichen Sinn" hinter dem Handeln, sozusagen der „für" die Politik lebt macht „sein Leben daraus" und gibt anhand der Ausübung von Macht oder dem Dienst an einer „Sache" seinem Leben einen Sinn [*Sinnhaftigkeit*].[34] Eine wichtige Voraussetzung [*im ökonomischen Sinne*] um „für" die Politik zu leben ist eine ökonomische und wirtschaftliche Unabhängigkeit notwendig. Dagegen entwickelte sich eine andere Strömung hin zum „Fachbeamten" (fachgeschultes Beamtentum). Seine signifikanten Eigenschaften sind hohe Integrität auf Grund „ständischer Ehre" unteranderem der Genuss einer fachspezifischen Ausbildung im Zuge der voranschreitenden

---

[30] Weber, S.38.
[31] Vgl. Weber, S.52
[32] Vgl. Weber, S.38.
[33] Vgl. Weber, S.42.
[34] Vgl. Weber, S.42-43.

Bürokratisierung.[35]Aufgrund seines erlangten Fachwissens ist der „Fachbeamten" für die moderne Verwaltung eher geeignet, im Gegensatz zum „politischen Beamten"[36] oder dem sich parallel entwickelnden „leitenden Politiker".[37]Anhand von festgelegten Vorgaben hat der Fachbeamte zu agieren, diese gewähren ihm keinen eigeninterpretierten Spielraum. So handelt er ohne Eigenverantwortung heraus, anders als der leitende Politiker agiert er außerhalb von der Bühne des politischen Machtkampfes. Hingegen verfügt der Berufspolitiker über keine fachspezifische Ausbildung und ist für die rationale Maschinerie ungeeigneten. Dennoch obliegt ihm gemeinhin ein nicht nur pflichtgemäßer Blick auf die politischen Prozesse und kann eigenverantwortlich darauf reagieren. Somit erlangt er einen anderen Sinn in seinem Wirken als der Fachbeamte.[38] Um es mit Bismarcks Worten zu sagen, dass der Beamte ein „Kleber" und kein Führer ist. Er solle über den Parteien stehen und außerhalb des Kampfes um Macht agieren. Denn die Eigenverantwortung „*für seine Sache ist das Lebenselement des Politikers wie des Unternehmers.*"[39]Aufgrund des unaufhaltsamen Vormarsches der Bürokratisierung hat sich Weber mit der Frage nach künftigen politischen Organisationsformen beschäftigt. Wichtig ist für ihn die Betrachtung auf dessen was die Bürokratie nicht leistet. Weber dementiert, „*dass ihre Leistungsfähigkeit auf dem Gebiet des öffentlichen, staatlich-politischen Betriebes ganz ebenso wie innerhalb der Privatwirtschaft feste innere Grenzen hat.*"[40] Weber hat das spannungsreiche Verhältnis zwischen Politik (politischer Führung) und Verwaltung erläutert, er hat die Vor- und Nachteile einer Herrschaft mittels eines bürokratischen Verwaltungsstabes aufgezeigt, bei dem der Verwaltungsapparat eine rein instrumentale Funktion einnimmt, mehr oder weniger kann eine Verselbständigung des bürokratischen Apparates hinsichtlich der politischen Führung erfolgen. Summa summarum hat er auch die positiven Eigenschaften einer Beamtenherrschaft erörtert. Wichtig ist zu verinnerlichen, dass Weber kein „Modell" beschreibt, wie der Verwaltungsapparat nach seiner Vorstellung auszusehen hat, sondern stellt es so dar wie er es tatsächlich vorfindet.

3.Politik als Maschinerie - *Parteiwesen und Parlamentarismus*

Auch politische Parteien befinden sich an einem bestimmten Punkt des Rationalisierungsprozesses. Parteien sind, im idealen Sinn, Träger des politischen Willens der von Bürokratie abhängigen „Staatsbürgern" ausgeht. Ihr innerstes Bestreben ist es über politische Inhalte, das

---

[35] Vgl. Weber, S.45.
[36] Vgl. Weber, S.45
[37] Vgl. Weber, S.42.
[38] Vgl. Weber, S.52- 55.
[39] Weber, S.55.
[40] Weber, S.54.

prozessuale Fortbestehen der Partei zu sichern. Im Gegensatz zu gesetzlichen Körperschaften dient die entwickelte Bürokratie nur dem Selbsterhalt. Weber sieht die Entwicklung des Rationalisierungsverlauf der Parteien, die Anpassung der innerparteilichen Strukturen, auch das damit verbundene rationalisieren der Wahlkampftechnik zur bürokratischen Organisation, eher kritisch. Dabei bezieht er sich auf die Herausbildung des „Caucus"[41] mit dem Oberhaupt J. Chamberlains in England, der „Partei- Maschine" in Amerika und im Parteiwesen allgemein das Parteibeamtentum allgemein im Parteiwesen Deutschlands. [42] Entgegen dem Dualismus von organisierter Partei und Masse zeichnet Ostrogorski die Machtakkumulation der „Parteimaschine" über Wahlvolk, Partei und Parlament ab.[43] Dies geschieht über Berufspolitiker, welche über Werbung der Partei auf dem Wählerstimmenmarkt versuchen nach Macht zu streben.[44] Weber bezieht sich auf die Forschungen von Ostrogorski. In den Analysen von Ostrogorski werden die damaligen neu entstandenen Parteien kritisiert.[45] Die er als Parteimaschine beschreibt. Ostrogorski geht davon aus, dass das innere Gerüst der Partei ein scheindemokratisches Gebilde ist. Als politische Maschine agiert, dessen höchste Priorität der Wahlerfolg ist, somit soll der Erhalt der Machtposition innerhalb und außerhalb des Parlaments gesichert werden. Beide Schätzen den über Rationalisierung gewonnenen Machtanspruch der Parteien als eher bedenklich ein. Einerseits werden die Parteien gebraucht, um Interessen zu bündeln und zu Entscheidungen zu kommen. Auf der anderen Seite der Medaille, wird der Wille des Volkes verfälscht und Eigen- (bzw. Sonder-) Interessen verfolgt. Diese Verzerrung ist ein Phänomen des Rationalismus, da sich die demokratischen Parteien nach dem rational orientieren Kapitalistischen System gerichtet haben. Dessen Ergebnis führt zu den oben genannten Effekten und ist geschuldet auf dem neu etablierten „politischen" System. Aufgrund der Beobachtungen die Weber aufstellt, dass in diesen strukturell sehr komplexen Organisationen die angestrebte demokratische Willensbildung auf der Strecke bleibt. Daraus lässt sich der Verlust der inneren Dynamik herleiten, der zur Auflösung demokratischer Strukturen führt. Die Ursache dieses Verhaltens spielgelt sich im Leitbild wettbewerblicher Interessenaggregation wieder. Entscheidungen die aus Kosten/Nutzen-Kalkül getroffen werden, gemessen an eigenen Präferenzen, untermauern das eigennützige Motive und dominieren in der „alten Parteiorganisation.

---

[41]Deklariert als neues Phänomen in der englischen Politik, nach der Wahl in Birmingham (1868): „Caucus" ist gleichgesetzt mit dem Begriff der „Parteimaschine". Die Verfestigung der liberalen „Massenpartei" ausgelegt von reiner Kalkulation – ein spezifisches Mittel zum maximalen erhalt von Wählerstimmen. Vgl. Weber, S. 66-67.

[42] Vgl. Weber, S.60.

[43] Vgl. Weber, S.66.

[44] Vgl. Weber, S.62.

[45] Vgl. Weber, S.66-67.

Das eigennützige Verhalten, ausgelöst über Honoratiorenwirtschaft, wird durch den Wettbewerbskontext und das Rationalitätsprinzip bestärkt, so gestalten Individuen institutionelle Arrangements nach einem privaten Kalkül.[46] Weber macht es am Beispiel der seit 1868 stattfindenden Wahlentwicklung in Birmingham fest. Entsprechend Webers Sicht der Dinge, wird die Politik über zwei bestehende Größen aus Parteien und Parlament organisiert. Anhand des Birmingham „Caucus" verdeutlicht Weber die automatische Rationalisierung der Parteien, veranschaulicht die Mutation zur Honoratiorenpartei und Massenpartei. Nach Weber geht der Verlauf der Rationalisierung über kurz oder lang mit der Demokratisierung einher.

Er kommt zu dem Schluss, dass die Politik niedere Ziele verfolgt. Im Kampf um die Macht stehen sich Beamte und Demagogen gegenüber. Die alleinige Ausrichtung auf Eigeninteresse und das erringen von Macht ist laut Weber eher fraglich. Die Bedingungen des politischen Betriebs in Deutschland waren einmal die Machtlosigkeit der Parlamente und die hohe Bedeutung des geschulten Fachbeamtentums. [47] Auch das Auftauchen des Parteibeamten, als treibende Kraft der Parteitaktik zur Geldbeschaffung, ist ein weiteres voranschreitendes beschriebenes Rationalisierungsphänomen.[48] Denn „*den Weg zur Honoratiorenzunft sind alle deutschen Parteien gegangen.*"[49] Die Beamtenherrschaft und deren früher erörterten Konsequenzen traten auch im Parlament ein. [50] In erster Linie sind die modernen Parlamente für Weber eine Vertretung durch die Mittel der Bürokratie Beherrschten.[51] Das parlamentarische System ist eine Einsetzung des Verwaltungstabes über parlamentarische auslese der Führer. In diesem Fall sind die Führer der jeweils ausschlaggebenden Parteien des Parlaments notwendig positive Mittträger der Staatsgewalt. Weber beschreibt den Machtkampf der Parteien aus dem Parlament heraus, um die Position des Vertrauensmannes, der aus der entscheidenden Mehrheit heraus vom Monarchen eingesetzt und mit der Leitung der Politik betraut wird [52]. Allein ein Individuum kann sich aus diesem Konkurrenzkampf behaupten, der Ausleseprozess beruht auf der Basis von politischen Machtinstinkt und politischer Führereigenschaften. Weber proklamiert entweder „hasst" oder „liebt" man den parlamentarischen Betrieb, zumal man ihn nicht beseitigen kann. Man kann ihn nur politisch machtlos machen, wie Bismarck es mit dem Reichstag

---

[46] Vgl. Weber, S.66-67.
[47] Folge Beanspruchung der Ministerposten um 1918. Vgl. Weber, S.73.
[48] Vgl. Weber, S.74.
[49] Weber, S.76.
[50] Vgl. Weber, S.76.
[51] Vgl. Weber, S.78.
[52] Vgl. Weber, S.82-83.

gemacht hat. Folge davon ist „negative Politik".[53] Bis 1918 war die ganze deutsche Parlaments-struktur auf eine nur negative Politik ausgerichtet: *„Kritik, Beschwerde, Beratung, Abänderung und Erledigungen von Vorlagen der Regierung, und alle parlamentarischen Gepflogenheiten entsprachen dem.*"[54] Wiederum beschreibt Weber das Parlament als Staatsorgan, dass die Ver-waltung fortlaufend als arbeitendes Parlament kontrolliert. Es leitet die Beamtenschaft, welche ihr diese Aufgabe zugewiesen hat. Jedoch wirkt die leitende Instanz entgegen einer reinen Be-amtenherrschaft anhand ihrer Machtinteressen, welche stets den Hang zu möglichst unkontrol-lierter Freiheit und die Monopolisierung der Ministerstellen für das Beamtenavancement he-gen.[55] Der Weg, das Beamtentum wirkungsvoll zu kontrollieren, ist an Vorbindungen gebun-den. Die Machtstellung aller Beamten ruht, außer auf der arbeitsteiligen Technik der Verwal-tung als solcher, einmal auf Fachwissen, dem Dienstwissen[56], dem Geheimwissen [57] und das Enqueterecht[58]. Auch die Weiterentwicklung des Parlaments hin zum Berufsparlamentarier-tums ist nicht von der Hand zu weisen. Dem Berufsparlamentarier steht im eigentlichen Sinn der bürokratischen Verwaltungschefs prekär gegenüber. Unteranderem blickt die Partei- Be-amtennatur dieser Entwicklung eher feindselig entgegen, denn die Interessen der Bürokratie gehen eher Hand in Hand als die des Parlamentariers. Diese fürchten die Ausbildung von qua-lifizierten Berufsparlamentarier, die die Führerrolle einnehmen und keine „bloßen Demagogen" oder „Dilettanten"[59] sind.

In diesem Kontext steht Demagogie und Demokratisierung. Dieser lässt sich anhand eines Ide-albildes einer arbeitsteiligen Organisation zwischen Demagogen und Experten verstehen. Die Wirkungsspektrum bzw. der Wirkungsräum der Demagogen[60] sind über den Appell an einen weiteren Bevölkerungskreis möglich, bei den Experten ist dies Tatsachen orientiert. So fungie-ren Demagogen als „Lückenfüller" zwischen Expertenwissen und nachvollziehbaren Begrün-dungsmitteln, denn anders könnte die Organisation in einer Massendemokratie nicht geleistet werden, berücksichtigt man dabei den Aspekt des heterogenen Zustandes der Lebenswelt und die Qualität des Bildungsstandart der Wähler.

---

[53] Vgl. Weber, S.79-80.
[54] Weber, S.88.
[55] Vgl. Weber, S.84.
[56] Tatsachenkenntnis über den amtlichen Apparat [ist nur dem Beamten zugänglich]
[57] Ein Mittel die Verwaltung gegen Kontrolle zu sichern. Verwandlung des Dienstwissens in ein Dienstgeheimnis.
[58] Sich jederzeit Kenntnis der Tatsache und der Fachgesichtspunkte verschaffen.
[59] Vgl. Weber, S.88-89.
[60] Vgl. Weber, S.94.

3.1. Parlamentarismus und Demokratisierung

Um Demokratisierung „im Weberschen Sinn" deuten zu können, sollte man die Stoßrichtung der Rationalisierung hin zum politischen Zweck verfolgen. In diesem Bedeutungsumfang, wie ihn Weber zu verstehen mag, hat Politik das Ziel, die Verfolgung von Interessen und Macht. Für Weber fördert die Entwicklung zur Demokratie die Rationalität. Ein weiterer Gesichtspunkt auf den Weber in Bezug auf Parlamentarismus eingeht, ist die eher dualistische Beziehung zur Demokratisierung. Demokratie sieht er als Gegenprinzip zur bürokratischen Herrschaft. Zentraler Gegenstand seiner politischen Soziologie ist nicht die Demokratie, sondern Herrschaft als gesellschaftliches Phänomen. Das Grundphänomen ist zuvor schon erläutert worden, mit dem Hintergrund der manifestierten bürokratischen Herrschaft [Staat, Wirtschaft und Kirche]. Das Hauptaugenmerk legt Weber auf die bürokratische Staatlichkeit im Okzident. Seine Ausführungen zu Demokratie und Parlamentarismus beruht auf der konträren Tatsache, dass Parlamentarismus nur in einem Zweiparteiensystem, beruhend auf einer aristokratischen Honoratiorenherrschaft innerhalb der Parteien, möglich sei. Dennoch liegt die unvermeidliche Herrschaft im großen Massenstaat, nicht in den Händen von parlamentarischen Rednern oder Monarchen, sondern in der Verwaltung des Beamtentums. Zunächst nimmt Weber die Bedürfnisse des Massenstaats und der Demokratie in der Form einer unmittelbaren Demokratie wahr. Hauptsächlich bezieht sich Weber auf die Auseinandersetzung des vergehenden Kaiserreichs und die Gründerphase der ersten deutschen Republik. Er debattiert über die Wende vom monarchisch-konstitutionellen zum parlamentarischen System der Weimarer Republik.

Zu den strukturellen Bedingungen, die die Vorrangigkeit der Politik unterstützen, unternimmt Weber eine immer wieder betonte Trennung der Verwaltung von sachlichen Betriebs- und Verwaltungsmitteln. Herauszulesen ist, dass die Dominanz, die das Fach- und Dienstwissen darstellt, bei Webers Auslegung eher begrenztere Kontrollformen anzunehmen hat. Sonst sieht er ein unausweichliches Folgeproblem, er verweist auf einen erscheinenden Dauerkonflikt zwischen Experten und Generalisten. Weiterführend tritt Weber für institutionelle Vorkehrungen und Maßnahmen ein, um diesem Phänomen der Kontrolle entgegenzuwirken, mit deren Zweck soll die Vormachtstellung der Bürokratie über ihr spezifisches „Fach"-Wissen gegenüber dem Parlament minimiert werden.[61] Durch diese Mittel gewinnt das Parlament eine entscheidende Kontrollmöglichkeit gegen die Verwaltung. Kategorisch setzt sich Weber für die Gestaltung

---

[61] Vgl. Weber, S.93.

besserer und wirkungsvoller Parlamentsausschüsse ein. Auch für ein effektives fortführen von Parlamentarisierung und Demokratisierung, um sich einer Beamtenherrschaft wirksam entgegenzustellen.[62] Weber plädiert für eine Stärkung der Parlamente und allgemein auf eine Parlamentarisierung. Bekanntermaßen hatte Weber die Beamtenherrschaft im Wesen des Wilhelminischen Reichs direkt erfahren. Eine politische Ordnung über die Innehabung politischer Führungspositionen durch Beamte.[63]

Anschließend ist wichtig anzumerken, dass nach Webers Verständnis seine Demokratietheorie keineswegs normativ auszulegen sei. In seinem Denkraum formuliert Weber keine normativen Begründungskriterien, um politische Ordnungen darzustellen, sondern erschließt Begrifflichkeiten, die vielmehr die entsprechenden Erscheinungsformen objektiv begreiflich und einordnungsbar machen sollen. Hierzu sieht Weber seinen Demokratismus nicht als natürliches Recht, eher als eine zweckdienliche Betrachtung[64], in dieser soll mit Hilfe von aktiven Massenwillen der Staatsapparat verbessert werden. Das Mitwirken über den Massenwillen[65] ist für Weber eine Herausforderung seiner Epoche, die sowohl auch die Spannungen zwischen kapitalistischer Weltwirtschaft und massendemokratischer Politik berücksichtigt. Hierbei ist zu berücksichtigen, dass Webers Denkwelt unmittelbar von fortschrittlichen Umbrüchen geprägt worden ist und seinem Denkhorizont entscheidende Impulse geliefert hat.

Auf soziologischer Ebene nähert sich Weber dem Forschungsgegenstand der Demokratie nur indirekt, er stimmt das Thema Demokratie über seine drei Typen der legitimen Herrschaft andeutungsweise an. Konkret widmet sich Weber in keinem seiner drei „Ideal"-Typen dem Gegenstad der Demokratie. In Webers eigens entwickelter Begriffssprache, die er zur Neuordnung von sozialem und politischem Wissen verwendet, kann das Thema Demokratie in die dritte Legitimitätsart eingegliedert werden. Die Umdeutung der charismatischen Herrschaft[66] gegen jede Bevormundung ist die zentrale Komponente der demokratischen Legitimität nach Weber.[67] Denn der wesentliche Forschungsschwerpunkt von Webers politischer Soziologie ist nicht Demokratie, sondern unverkennbar Herrschaft.

---

[62] Vgl. Weber, S.92-93.
[63] Vgl. Weber, S.93-94.
[64] Vgl. Weber, S. 99.
[65] Vgl. Weber, S.95.
[66] Vgl. Weber. S.92.
[67] Vgl. Weber, S. 94-95.

Fazit

Aufgrund dessen, kann man Webers politische Soziologie in zweierlei Hinsicht angehen, auf der Ebene der historischen oder der systematischen Rekonstruktion. In der vorgenommenen Untersuchung von Webers Arbeit, wurde auf beide Zugänge eingegangen. Einmal wurde versucht die historisch politisch- wissenschaftliche Bedeutung für Weber herauszuarbeiten, die das deutsche Kaiserreich und sein Ende ausgelöst haben. Auch seine Fürsprache für ein „starkes" volksgewähltes Staatsoberhaupt wurde behandelt. Unteranderem seine Befürwortung der Parlamentarisierung von Reichsleitung und Bundesrat im Ersten Weltkrieg und seiner positiven Gesinnung für den volksgewählten Reichspräsidenten in Richtung zur Weimarer Republik.[68] In Webers Klassifizierung der Herrschaftstypen kommt die Demokratie in der dritten Legitimitätsart einer „antiautoritären" Transformation der charismatischen Herrschaft zur Geltung. Für Webers moderne politische Soziologie ist bürokratische Herrschaft der Ausgangspunkt seiner Überlegungen, dementsprechend erscheint Demokratie im Rationalisierungsprozess als Nebenprodukt dieses Führungstypus.[69] Folgendermaßen ist Herrschaft von Menschen über Menschen unabwendbar.[70]

Nun stellt sich die die Frage, wozu es Webers Art der Soziologie brauche, wenn die Entwicklung ohnehin unabwendbar ist. Es geht um die Untersuchung des spezifischen Mittels, wie der Staat seine physische Gewaltsamkeit erwirkt und das Aufzeigen von Sinnstrukturen, die Ursprung jeglicher Kritik sind. Man kann Webers Soziologie als Meta-Disziplin begreifen, die es sich zur Aufgabe macht, die verschiedenartigen Ausprägungen des Wissens zu systematisieren. So erschließt sich der zweite Weg, Webers Auslegungen (Begriffsbestimmungen) auf ihre Bedeutung für die Demokratie- und Parlamentarismustheorie zu untersuchen. Zwar setzt dieser Weg die Historisierung voraus, ohne sich ihr wiederum intensiver zu widmen. Des „Pudels Kern" ist die systematische Struktur und Wirksamkeit dessen, was in Webers politischer Soziologie über zeitgebundene Auslegungen hinausgeht. Darüber hinaus kristallisiert sich der „Raum" als systematisches Element heraus, da Weber andere Systeme in Korrelation mit dem Westen setzt. Deutlich zeigt sich, dass der sozialwissenschaftliche Kern darin besteht, historische Entwicklungen darzustellen, wie sich der gesellschaftliche Wandel vollzieht und welche signifikanten Größen charakteristisch sind.

---

[68] Vgl. Weber, S.96-100.
[69] Vgl. Weber, S.92 -104.
[70] Vgl. Weber, S.31.

Zum Thema politische Parteien ist Webers politische Soziologie zu stark fragmentiert. Seine Auffassung über Struktur und Funktion der politischen Parteien sind eher unvollständig und undurchsichtig. Seine kurze Typologie in „Wirtschaft und Gesellschaft" war nur als eine Einführung gedacht, sein unvollständiges Vermächtnis macht es nach seinem Tod schwer wissenschaftliche relevante Teile seiner Parteiensoziologie einzuordnen. Auch sind seine Auffassungen von Generalisierungen geprägt, wenn es um Webers Parteiensoziologie geht. Anhand des Vergleichs mit Ostrogorski und seiner Theorie von der „Parteimaschine". Neben den umrisshaften dargestellten Konsequenzen von Bürokratisierung, legt Weber insbesondere deren „Genese" und Ausbreitungstendenzen dar. Unteranderem sieht Weber die Bürokratie als eine moderne unentrinnbare Erscheinungsform und ihren Siegeszug verdankt die Bürokratisierung ihrer Dominanz, vorwiegend ihre technische Vorherrschaft auf Grund vormoderner und ehrenamtlicher Ausprägungen der Verwaltung. Die Unentrinnbarkeit seiner analysierten Erscheinungsform „infiziert" nicht nur die (Massen-) Parteien und diverser Verwaltungsapparate, gleichwohl erreicht dieses Phänomen auch Kontinente wie Amerika[71], denen fachgeschultes Berufsbeamtentum gänzlich unbekannt war. Eine weitere Tendenz dieses Phänomens sieht Weber in der Mutation der modernen zentralisierten „Großstadt"-demokratie zu einer bürokratisierten Demokratie.[72] Dabei ist wegweisend, dass Webers Ausführungen zur modernen Bürokratie eher erklärenden Charakter haben. Denn Webers vorgenommenen Analysen sind historisch, strukturelle, inklusive seiner gesamtgesellschaftlichen und organisationsinternen Aspekte miteinander vernetzt. Nachvollziehbar sollte immer der Gesichtspunkt von rationaler Organisation der Verwaltung sein, der für Weber die Grundlage moderner okzidentaler Kultur erschließt.

Deutlich ist herausgearbeitet worden, dass sich Weber in seiner Rationalisierungstheorie nicht nur mit seinem Bürokratiemodell befasst, sondern auch mit seiner Herrschaftssoziologie. Vergegenwärtigt man sich das eine Verkettung von Umständen die Kulturerscheinung des Rationalismus begünstigt hat und das Fachbeamten zu der modernen rationalen Verwaltung und dem modernen Staat zählt, so bleibt eine vergleichende Analyse unausweichlich, um das behauptete Rationalisierungsgefälle nachzuweisen. Dazu benötigt Weber ein geeignetes Instrument und schafft bestimmte Begrifflichkeiten und Typologien. Hinsichtlich der modernen Bürokratie befasst sich Weber mit dem Spannungsverhältnis von politischer Führung und Verwaltung. Er versucht Lösungsansätze zu liefern, um diesen Spannungen entgegen zu wirken.

---

[71] Vgl. Weber, S. 96-106.
[72] Vgl. Weber. S. 98-100.

Dennoch steht bei Weber immer ein Wirklichkeitsausschnitt im Mittelpunkt und thematisiert stark diese Auseinandersetzung. Weber folgt entsprechend seines Diktums, der Wirklichkeitswissenschaft bei seiner Analyse von Staat und Bürokratie. Denn der Fokus bei Webers Soziologie liegt auf dem sozialen Handeln von Akteuren, dabei nimmt er eine Strukturierung der Handlungskoordination und den Sinnzusammenhängen von der ausgehenden Handlungsorientierung vor. Konkret arbeitet er die Einflussmechanismen von subjektunabhängigen Strukturen heraus, welche unteranderem von ökonomischer, soziokultureller und wirtschaftlicher Art sind.

Seine approximativ systematische Darlegung kann man als Vergleich der Methode soziologischer Erkenntnis einordnen. Weber konnte seine Ansichten nicht mehr zu einer in sich schlüssigen Systematik ausbauen, sondern nur in eine fragmentierte die jedoch Spielraum zum Weiterdenken liefert. Dennoch stellt er diverse Betrachtungen, Klassifikationen und Abgrenzungen, auf die man in Webers ansatzweise beschriebenes System einzuordnen sind. Somit kann man seinen vorgenommenen Vergleich als Forschungsmittel nutzen, als einen systemischen und strukturierenden Gegenstand aktueller Gesellschaftsentwicklungen. Mithilfe seiner entwickelten Begriffe und Denkansätzen, dabei verweist er auf bestimmte Verhaltensmuster und wiederholende Handlungen im historischen Kontext, die aber übertragbar sind. Auch stellt er Idealtypen auf, die modifiziert vorfindbar sind aber nicht als absolut Größen missverstanden werden sollten. In Webers Art Soziologie zu denken, nimmt die Wirklichkeitserschließung von Kulturphänomen einen sehr hohen Stellenwert ein. Deshalb verweise ich wiederholt darauf, dass es um die Untersuchung von Macht und die Phänomene der Machtverteilung geht. So hat Weber versucht, anhand dessen eine erklärende und verstehende Systematik zu entwickeln.

Literaturverzeichnis

Primärliteratur

Max Weber, Wirtschaft und Gesellschaft; Soziologie der rationalen Staatsgewalt und der modernen politischen Parteien und Parlamente. *Staatssoziologie*. Berlin: Duncker & Humblot 2011, S. 18-106.

Erving Goffman, Wir alle spielen Theater. Die Selbstdarstellung im Alltag. München: Piper, S.19-54 und S. 73-97.

Sekundarliteratur

Soziologische Theorien: Von den Klassikern bis zur Gegenwart von Markus Schroer; Wilhelm Fink Verlag (3. April 2017)

BEI GRIN MACHT SICH IHR WISSEN BEZAHLT

- Wir veröffentlichen Ihre Hausarbeit,
  Bachelor- und Masterarbeit

- Ihr eigenes eBook und Buch -
  weltweit in allen wichtigen Shops

- Verdienen Sie an jedem Verkauf

Jetzt bei www.GRIN.com hochladen
und kostenlos publizieren